Sommario

Capitolo 1 – Principi di economia

L'economia è una disciplina complessa, che diventa tuttavia ogni giorno più attuale nella società moderna, caratterizzata dalla globalizzazione. Si tratta di un termine utilizzato quotidianamente, sia in ambito domestico in riferimento alla finanza personale, sia in riferimento alle imprese di ogni dimensione. L'economia è dunque individuale, ma allo stesso tempo collettiva, in quanto ogni scelta e ogni azione di un individuo sono parte di un sistema molto più ampio che è rappresentato dalla società.

1.1 – Che cosa è l'economia

L'economia può essere definita come la scienza che studia i processi e i meccanismi di produzione di beni e servizi volti al soddisfacimento dei bisogni degli individui nel mercato. L'origine della parola economia deriva dal greco: *oikos* significa casa e *nomos* significa dividere, dunque può essere letteralmente tradotta nella gestione e amministrazione della casa, intesa nel senso più ampio di società e stato. Dal significato greco deriva quello latino, *oeconomia*.

Il principio alla base dell'economia è quello di ottenere il massimo risultato con il minimo sforzo, soprattutto in termini monetari. È dunque un sistema necessario per far sì che gli individui abbiano ciò di cui hanno bisogno per vivere meglio. Più è numerosa la popolazione più questo sistema diverrà più ampio. I parametri con cui gli economisti stimano le dimensioni del sistema economico sono rappresentati da indicatori quali il PIL, ossia il prodotto interno lordo, per avere informazioni a lungo raggio temporale.

Il precursore dell'economia moderna è considerato Adam Smith, che nel suo libro

"Un'inchiesta sulla natura e le cause della ricchezza delle nazioni" fu il primo economista a spiegare le motivazioni per cui vi sono determinate Nazioni segnate da una forte povertà diffusa mentre altre godono di grande ricchezza. La teoria della "mano invisibile" del mercato si pone alla base del pensiero di Smith: ogni individuo lavora per il proprio interesse personale, ma allo stesso tempo è in grado di contribuire alla creazione di una società organizzata e stabile, seppur non in modo intenzionale. Esiste dunque una mano invisibile che muove l'economia e fa funzionare il mercato.

Smith non fu il primo economista della storia, ma fu il primo a decifrare i mutamenti che l'industrializzazione e il capitalismo avrebbero provocato. Anche David Ricardo e Karl Marx avevano cercato di spiegare il funzionamento del capitalismo, rispettivamente in *"Principles of Political Economy and Taxation"* e in *"Capital"*. Fu Alfred Marshall nel 1890 a definire l'economia come una scienza sociale volta ad analizzare e studiare il comportamento degli esseri umani a seconda dei loro interessi individuali.

Successivamente, l'economia iniziava a venire interpretata più come una scienza rigorosa, al fianco della chimica e della fisica. Secondo questa corrente di pensiero, l'individuo è un essere razionale che tenderà sempre a soddisfare i propri bisogni personali, e le imprese tenderanno sempre alla massimizzazione del profitto per far sì che il mercato sia efficiente. Tale pensiero è la base della cosiddetta economia neoclassica, diffusasi a partire dalla fine dell'800, ed è anche detta rivoluzione marginalista.

La crisi economica del 1929, nota come la Grande Depressione, fece vacillare la teoria neoclassica, in quanto proprio a causa di questa crisi veniva messa in dubbio la capacità del mercato di raggiungere un equilibrio. La risposta a questa crisi venne fornita da John Maynard Keynes, grande economista che affrontò il problema della distinzione fra eventi con probabilità conosciuta e eventi con probabilità sconosciuta, definendo così il concetto di incertezza. La sua analisi iniziò con lo studio del rischio imprenditoriale, mentre successivamente attribuì la responsabilità della crisi economica al fatto che la domanda aggregata veniva influenzata da vari fattori fra i quali non esiste un equilibrio: la propensione marginale al consumo è influenzata dal reddito, gli investimenti dipendono dai tassi di interesse, i tassi di interesse dipendono dai livelli di liquidità.

Nella sua più grande opera, la "Teoria generale dell'occupazione, dell'interesse e della moneta", definì come fulcro dell'analisi economica il consumo, il risparmio e gli investimenti, facendo così nascere il concetto di "macroeconomia", distinta dalla "microeconomia" che ha invece un approccio individualista.

Già dal principio gli altri economisti cercarono di reinterpretare la teoria keynesiana per improntarla su quella neoclassica: uno dei modelli che rappresentano questo tentativo è il modello IS-LM, nel quale viene individuato un equilibrio simultaneo dei vari mercati di beni e della moneta.

A partire dagli anni '50, la teoria neoclassica subì una trasformazione, dovuta alla sempre maggiore diffusione delle teorie keynesiane e all'aumento dell'importanza statale nell'economia. Da ciò scaturì una "nuova economia keynesiana", capace di individuare le cause di fallimento e rigidità del mercato, e della disoccupazione.

1.1.1 – La microeconomia

La microeconomia è una branca dell'economia politica che si occupa dello studio dei comportamenti individuali, delle scelte del consumatore o dell'impresa e del mercato. Si occupa dunque dell'analisi delle scelte razionali del singolo consumatore o dell'impresa in condizioni di scarsità di risorse.

La microeconomia si basa su un approccio di tipo scientifico, che utilizza i modelli matematici.

1.1.2 – La macroeconomia

La macroeconomia si occupa di analizzare le relazioni fra le grandezze economiche aggregate. Le imprese e i consumatori non vengono dunque più visti come soggetti singoli e distinti, bensì come una collettività di soggetti.

Lo scopo principale della macroeconomia è quello di costituire un modello economico in grado di spiegare il funzionamento del mercato.

1.2 – Il modello economico

È fondamentale capire che la realtà dei mercati non sempre può essere rappresentata su un grafico nella sua interezza. Proprio per questo motivo gli economisti tendono a realizzare dei modelli economici in grado di semplificare la realtà, evidenziando solamente alcuni aspetti dei sistemi oppure rappresentando determinati fenomeni microeconomici o macroeconomici.

Lo scopo dei modelli economici è proprio quello di descrivere all'interno di un grafico, spesso sfruttando i piani cartesiani, tutte le relazioni tra i vari aggregati economici e quelle tra le variabili in essi presenti, evidenziando le cause e gli effetti di questi fenomeni. Proprio attraverso questi modelli è inoltre possibile testare la validità, l'efficacia e l'efficienza di una teoria economica, che ha come obiettivo quello di spiegare e rappresentare fedelmente alcune evoluzioni che caratterizzano i mercati economici.

Ciascun modello economico ha due obiettivi. Il primo è appunto quello di interpretare e rappresentare tutti i fenomeni e gli scenari che possono verificarsi all'interno di un mercato, magari dando anche una spiegazione realistica degli stessi. Il secondo obiettivo è invece quello di fornire una previsione attendibile del mercato, e capire quale possa essere l'andamento realistico dei singoli fenomeni in un futuro più o meno lontano, basandosi sui dati storici e statistici del medesimo aggregato economico.

1.3 – Le leggi dell'economia

Attraverso i modelli economici, dunque, si studiano e si analizzano le leggi economiche. Ciascuna legge economica nasce da un rapporto di proporzione o di correlazione tra due o più fenomeni economici. Nonostante il principio sia il medesimo, è comunque opportuno distinguere le leggi dell'economia dalle leggi scientifiche. Anche se entrambe nascono da una base empirica, che richiede l'osservazione della realtà e lo studio delle relazioni tra causa ed effetto, le leggi scientifiche adottano un criterio più probabilistico, mentre le leggi economiche si focalizzano su principi prettamente deterministici.

La caratteristica più importante delle leggi economiche è la loro relatività. Infatti molti economisti e analisti rifiutano l'idea che una legge economica possa rivelarsi universale o applicabile a livello generale. Il mondo economico è infatti talmente vasto che è impossibile descriverlo con una unica legge: i fenomeni economici non sono unici, ma ad ogni evento potrebbe corrisponderne uno completamente contrario che metterebbe in crisi l'attendibilità di una legge. Le leggi cercano dunque di esaminare e descrivere una parte di un fenomeno economico, determinati comportamenti all'interno dei mercati e tendono a individuare i possibili avvenimenti futuri sulla base dell'analisi svolta sui dati storici del medesimo aggregato economico.

Il fatto che la legge in campo economico non sia universale, ha portato molti economisti ad attribuire a queste teorie il nominativo di relazioni economiche, titolo che sicuramente è meno ambizioso e meno importante rispetto a quello di leggi, ma che ne descrive meglio il ruolo svolto all'interno del mondo economico.

1.4 – Il comportamento economico

Uno dei rami più importanti dell'intera disciplina economica focalizza la propria attenzione sui meccanismi etici che vengono posti in essere dai singoli soggetti e dagli attori economici aggregati che assumono i ruoli di protagonisti del mercato.

Ogni situazione può infatti generare un'azione, quasi automatica o istintiva, di un determinato soggetto economico, che può essere un'impresa o un insieme di consumatori, che a sua volta provoca una reazione della controparte. Se ad esempio nel mercato si verifica un incremento dei prezzi relativi alle materie prime utilizzate dalle imprese per produrre il bene oggetto di scambio all'interno di questo settore, le stesse imprese saranno costrette ad incrementare il prezzo di vendita del prodotto e, a loro volta, i consumatori reagiranno a questo comportamento riducendo le quantità di bene che intendono acquistare.

Una serie di comportamenti realizzati da più soggetti economici, come quella appena descritta, può essere definita come un meccanismo di mercato.

Sapere in anticipo quale potrebbe essere il comportamento che un soggetto economico adotterà nel futuro prossimo può inoltre comportare dei vantaggi. Infatti clienti, fornitori e consumatori potrebbero anticipare le proprie mosse in modo tale da sfruttare la differenza di prezzo, magari acquistando maggiori prodotti ad un prezzo più basso. Un anticipo di questo genere comporterebbe un salto nella catena che stava andando ad instaurarsi e potrebbe però generare comportamenti e reazioni diverse da parte della controparte. L'analisi dei comportamenti etici posti in essere da imprese e consumatori rientra completamente nel campo microeconomico, ma gli analisti possono comunque allargare i propri orizzonti esaminando e studiando i comportamenti adottati dai capi di governo al fine di massimizzare il valore dei propri prodotti nei rapporti con gli altri Stati. In quest'ultimo caso, invece, lo studio dei comportamenti economici rientrerebbe nell'ambito macroeconomico o addirittura nell'analisi dell'economia globale.

Capitolo 2 – La microeconomia

L'economia dunque può essere analizzata suddividendola in due macro-aree: la microeconomia e la macroeconomia. Ciascuna delle due categorie economiche analizza effetti differenti del medesimo fenomeno, comparando le situazioni di mercato e studiando gli effetti che le stesse provocano sui cosiddetti agenti economici. L'intera disciplina definita politica economica fonda le sue radici proprio sulla microeconomia, per poi allargare i propri orizzonti verso la macroeconomia.

L'idea di fondo che rappresenta la linea guida che l'analista microeconomico deve obbligatoriamente seguire è l'attività economico-finanziaria effettuata in una situazione caratterizzata da scarsità di risorse.

Esistono delle ipotesi che descrivono l'intero ambiente microeconomico e che è necessario considerare costantemente durante lo svolgimento di qualsiasi analisi nel mercato.

La prima ipotesi è quella di completezza. Il consumatore è considerato completamente razionale ed è per questo motivo sempre in grado di optare per la scelta di un paniere piuttosto che di un altro a seconda che questo risulti più conveniente e nel caso in cui esso soddisfi maggiormente le sue preferenze. Naturalmente in ambito microeconomico è contemplata anche la condizione di indifferenza, che consiste nella situazione in cui il soggetto economico ottiene lo stesso benessere scegliendo indistintamente uno dei due panieri.

La seconda ipotesi è invece quella di transitività. Si tratta di una ipotesi logico-matematica che è comunque necessario puntualizzare per proseguire nell'approfondimento della disciplina. Secondo questa ipotesi un soggetto economico che, alla medesima quantità offerta, preferisce il paniere A, al paniere B, e il paniere B al paniere C, preferirà di conseguenza il paniere A al paniere C.

La terza ipotesi fondamentale che caratterizza un ambiente microeconomico perfetto è quella di non sazietà. Il consumatore è infatti incontentabile: egli intende, a livello teorico, raggiungere un benessere sempre maggiore, e più alta è la quantità presente in ciascun paniere acquistabile e maggiore sarà la sua soddisfazione. Naturalmente gli unici limiti che contengono questa ipotesi sono quelli relativi alle condizioni di scarsità di risorse e di scarsità di denaro.

Un'ulteriore ipotesi si basa sulla continuità delle curve di indifferenza. Come detto in precedenza il mercato microeconomico individua delle situazioni nelle quali il consumatore è completamente indifferente se acquistare un insieme di panieri piuttosto che un altro. La parità di benessere che causa l'indifferenza è rappresentato all'interno del grafico cartesiano da curve che possono assumere la figura concava o convessa a seconda delle casistiche. Secondo questa ipotesi dunque ciascuna curva di indifferenza è data da una funzione matematica continua.

L'ultima ipotesi è invece quella della convessità. Secondo questo principio dato un paniere A, tutti i panieri che vengono preferiti dal consumatore a questo paniere sono rappresentati da un insieme strettamente convesso.

È difficile capire in quale ambito si muova la disciplina microeconomica prima di sconfinare nell'ambiente macroeconomico. Nel corso degli anni, infatti, il mercato economico è divenuto sempre più complesso: le grandezze puramente microeconomiche hanno assunto sfumature macroeconomiche, e viceversa.

Entrambe le discipline, infatti, basano i loro studi sull'analisi dei mercati, ma mentre la microeconomia focalizza la propria attenzione sul comportamento dei singoli agenti che operano all'interno di questi, la macroeconomia si occupa di capire quale sia l'evoluzione dei vari aggregati economici, come ad esempio l'inflazione, l'occupazione e il valore prodotto da un aggregato economico come una Nazione.

2.1 – Il mercato

È complicato definire in maniera precisa un mercato microeconomico, in quanto qualunque definizione porta a tralasciare parti importanti che caratterizzano questo ambiente economico. In linea generale si intende per mercato l'ambiente all'interno del quale vengono scambiati beni o servizi. Il mercato accoglie l'insieme, di quantità indefinita, di tutti i consumatori, che naturalmente intendono acquistare i beni e i servizi e che compongono la cosiddetta curva di domanda, e l'insieme, sempre indefinito, di tutti i produttori, che invece hanno lo scopo di vendere i loro prodotti, le merci o prestare i propri servizi e che dunque formano la curva di offerta.

Ciò che contraddistingue il mercato è il fatto che i consumatori vengono considerati singolarmente, non essendo organizzati in alcuna forma imprenditoriale, e allo stesso tempo essi rappresentano l'emblema della necessità, essendo l'essere umano razionale un soggetto che intende soddisfare i propri bisogni; viceversa è necessario interpretare

32

i produttori come organizzazioni imprenditoriali, il cui scopo è quello di riuscire a soddisfare completamente la propria offerta, vendendo il maggior numero di prodotti al prezzo più alto possibile.

L'impresa a sua volta è caratterizzata dal lavoro costante e contemporaneo di più soggetti, che operano per ottimizzare i ricavi e minimizzare i costi. L'impresa è anche in grado di cooperare e concorrere con il restante insieme di produttori, interagendo e inizializzando con essi un gioco al ribasso volto ad accaparrarsi l'intero insieme di consumatori presenti sul mercato. Talvolta le imprese stesse assumono le vesti di consumatori e dunque i produttori vengono definiti fornitori, se vendono i propri prodotti ad altre imprese, o clienti, se acquistano i prodotti offerti dalle altre imprese presenti sul mercato. L'elemento fondamentale all'interno della disciplina microeconomica è sicuramente il prezzo, che rappresenta anche una delle grandezze che solamente l'impresa è in grado di controllare. Sulla base delle oscillazioni di prezzo, variano le curve che caratterizzano il mercato microeconomico, ossia la curva della domanda e la curva dell'offerta.

2.1.1 – La domanda

Sia all'interno dell'ambito microeconomico che in quello politico-economico la curva di domanda consiste in una funzione matematica che ha come incognita il prezzo. Ciò significa che al variare del prezzo del bene offerto nel mercato varia anche la forma e la posizione della curva di domanda all'interno del piano cartesiano che rappresenta in linea teorica il mercato.

Applicata alla realtà questa funzione rimane comunque semplice da intuire: se il prezzo di un bene che un consumatore razionale intende acquistare aumenta, allora quest'ultimo tenderà a ridurre la quantità domandata dello stesso. Proseguendo su questa linea logica, allora è possibile affermare che esiste una relazione inversamente proporzionale tra quantità domandata e prezzo.

In un piano cartesiano, dove nell'asse delle ordinate viene stabilito la variabile prezzo e nell'asse delle ascisse la variabile quantità, la curva di domanda può dunque essere rappresentata come una retta con inclinazione negativa, oppure come una iperbole, sempre con pendenza negativa.

La funzione di domanda naturalmente prende in considerazione anche altre grandezze fondamentali per l'analisi microeconomica, come ad esempio il reddito, il prezzo dei beni offerti dalle imprese concorrenti e persino il prezzo atteso futuro. Ciascun dato può influenzare positivamente o negativamente la curva di domanda, che si muoverà in maniera differente a seconda dei casi sul piano cartesiano.

Supponiamo di osservare la curva di domanda di un bene, come ad esempio una semplice t-shirt. Nel momento in cui il mercato fissa il prezzo a 15 Euro, il consumatore deciderà la quantità di bene da acquistare, che per ipotesi è pari a 3 unità. In un secondo momento il prezzo della t-shirt passa da 15 a 8 Euro: in questo caso varierà anche la quantità di bene che il consumatore intende acquistare che passerà da 3 a 7 unità. Questo esempio consente di intuire facilmente cosa si intenda per proporzionalità inversa tra quantità domandata e prezzo del bene.

La curva di domanda, in questo caso rappresentata da una semplice linea retta, potrà essere tracciata sull'asse cartesiano unendo il Punto A(15;3), dove 15 rappresenta le unità nell'asse delle ordinate e 8 il numero di unità sull'asse delle ascisse, con il Punto B(8;7).

Alla curva di domanda si contrappone quindi la curva di offerta, che altro non è che la rappresentazione dell'offerta di un determinato bene all'interno del piano cartesiano. Anche in questo caso, la funzione matematica di questa curva si presenta piuttosto semplice, con la quantità che viene trattata come variabile dipendente, mentre il prezzo assume il ruolo di variabile indipendente.

Rispetto alla curva di domanda, l'analista deve riuscire a capovolgere completamente il proprio punto di vista. Se per il consumatore la riduzione di prezzo rappresentava un vantaggio, adesso lo stesso fenomeno porterebbe l'impresa ad ottenere uno svantaggio. Infatti l'impresa deve tenere in considerazione il proprio profitto e il suo obiettivo è proprio quello di massimizzarlo. Per calcolare il profitto basterà dunque moltiplicare il prezzo applicato alla quantità di produzione: dunque, seguendo ciò che è lo scopo aziendale, per l'impresa è conveniente aumentare il prezzo, in modo tale da incentivare ad una maggiore produzione, aumentando così anche la quantità.

Sempre in contrapposizione alla curva di domanda, la curva di offerta assume una pendenza positiva, sia nel caso in cui la funzione crescente sia rappresentata da una linea retta, sia nel caso in cui la funzione sia quella di un'iperbole. Si consideri dunque il caso in cui il prezzo del bene venduto, ad esempio un gelato, viene fissato a 0,50 Euro per ogni unità, mentre la quantità di produzione viene stabilita dall'impresa a 100 unità quotidiane. Se per ipotesi, il mercato subisce un incremento del prezzo, dovuto a varie ragioni, allora l'impresa tenderà ad incrementare anche la quantità di bene prodotto: se il prezzo di ogni gelato raddoppia passando dai 0,50 Euro ad 1,00 Euro, allora anche la quantità di produzione passerà dalle 100 unità quotidiane alle 140 unità.

Per rappresentare sull'asse cartesiano la curva di offerta è dunque necessario unire il Punto A(0,50;100), dove 0,50 rappresenta il prezzo e viene raffigurato sull'asse delle ordinate e 100 rappresenta la quantità di bene prodotto dall'azienda e viene raffigurato sull'asse delle ascisse, con il Punto B(1,00;140).

Questo è solo un esempio basilare che però aiuta gli analisti ad addentrarsi maggiormente nel mondo microeconomico. Per determinare la reale curva dell'offerta nel mercato è però necessario tenere in considerazione anche altre variabili, alcune delle quali risultano essere molto difficili da stimare. Tra queste grandezze rientrano ad esempio la tecnologia oppure l'analisi dei prezzi delle materie prime e degli altri fattori produttivi.

2.1.3 – Equilibrio di mercato

È definito equilibrio di mercato il punto in cui la curva di domanda si interseca con quella di offerta. Ciò significa che nel punto di equilibrio del mercato la quantità domandata dai consumatori di un determinato prodotto coincide con la quantità offerta dalle imprese che producono esattamente quel bene.

Per individuare correttamente il punto nel quale le due domande che caratterizzano il mercato si incrociano, è necessario analizzare e individuare il prezzo di equilibrio. Per farlo è necessario applicare le proprie conoscenze matematiche, mettendo a sistema le funzioni delle due curve. In questo modo è possibile individuare, dopo alcuni passaggi, il prezzo di equilibrio, che rappresentava l'incognita del sistema.

Sul mercato, nel momento in cui la domanda e l'offerta coincidono, le due parti cessano di trattare e si accordano sullo scambio da realizzare.

Non avrebbe più senso infatti portare avanti delle contrattazioni, in quanto i consumatori riescono ad acquistare la quantità che avevano domandato e le imprese riescono a vendere la quantità che avevano prodotto. Una volta individuato il prezzo di equilibrio è dunque semplice capire quale sia la quantità, sia domandata che offerta, di equilibrio. Per individuarla basterà sostituire il prezzo di equilibrio all'interno di una delle due funzioni delle curve di domanda e offerta.

Dal punto di vista grafico, dunque, il piano cartesiano presenta il prezzo nell'asse delle ordinate e la quantità, sia domandata che offerta, nell'asse delle ascisse: le due curve si intersecheranno proprio nel punto in cui si è individuato l'equilibrio.

2.2 – L'elasticità

Per ottenere una visione più chiara del mercato e della sua possibile evoluzione futura, l'analista microeconomico deve studiare l'elasticità della curva di domanda e di quella di offerta. In particolare però è importante capire quale sia l'elasticità della domanda in quanto proprio da questa grandezza è possibile intuire ulteriori principi validi all'interno dei mercati economici.

Infatti sulla base dell'elasticità è possibile per l'analista approfondire il comportamento delle imprese che intendono vendere i propri prodotti nel mercato e capire dunque quale sia, tra le politiche di offerta attuate, quella che comporta maggiori vantaggi, in termini di benessere individuale e generale.

2.2.1 – L'elasticità della domanda

Con l'analisi dell'elasticità della domanda rispetto al prezzo è possibile ottenere una misura di ciò che è la reattività della quantità che viene richiesta dai consumatori rispetto alla variazione di ogni singola unità di prezzo. Dunque l'analista deve ipotizzare che il prezzo varia di un determinato numero di unità e studiare quale sia la conseguente variazione della quantità che comporta una traslazione della curva di domanda. La curva, si muove nel piano cartesiano seguendo le variazioni di prezzo, e dunque di quantità, senza cambiare forma: infatti la funzione che la determina rimane invariata, mentre cambiano solamente le sue incognite di input e di output.

In altri termini l'elasticità della domanda rispetto al prezzo è data dalla pendenza della curva di domanda, individuabile direttamente nella funzione che determina la stessa curva.

Se la variazione della quantità domandata è superiore rispetto alla variazione di un punto percentuale del prezzo, allora la domanda può definirsi elastica. Se invece la variazione risulta essere inferiore rispetto alla variazione dell'1% del prezzo, allora è possibile definire la domanda come rigida. Se invece le due variazioni percentuali si equivalgono, allora la curva di domanda avrà un'elasticità unitaria. Capire quale sia il tipo di elasticità che caratterizza la curva di domanda rispetto al prezzo è fondamentale in quanto consente di intuire i possibili effetti del mercato sul valore dei ricavi totali.

Generalmente in una domanda di tipo rigido il ricavo tende a ridursi nel momento in cui il prezzo subisce una diminuzione. Viceversa se il prezzo si riduce e la domanda è elastica, i ricavi tendono ad aumentare. Infine nella domanda a elasticità unitaria, un calo nel livello dei prezzi non produce alcun effetto sul ricavo totale dell'impresa.

2.2.2 – L'elasticità dell'offerta

L'elasticità dell'offerta rispetto al prezzo misura invece quale sia la variazione della quantità che l'impresa intende produrre rispetto alla variazione di una unità del prezzo. L'elasticità dell'offerta subisce l'influenza del volume di produzione e dunque varia al variare di questa grandezza.

Una curva di offerta non lineare ha un'elasticità differente in tutti i suoi punti. Nel tratto iniziale, ossia quando la pendenza positiva della curva è vicina allo zero, l'elasticità assume valori molto alti. Man mano che l'analista prosegue nel calcolo dell'elasticità nei punti che formano la curva di offerta, muovendosi nel piano cartesiano nella direzione dell'asse delle ascisse, la curva assume una pendenza via via maggiore e, in modo proporzionale, si riduce l'elasticità dell'offerta rispetto al prezzo. Ciò significa che questo genere di elasticità è inversamente proporzionale rispetto alla quantità prodotta dall'impresa.

2.3 – La teoria dei mercati

Una branca della microeconomia si occupa dello studio e dell'approfondimento dei vari regimi di mercato. Ogni settore di attività all'interno del quale può decidere di accedere un'impresa assume comportamenti differenti a seconda del regime che lo regola. Ciò significa che sia i prezzi, sia le quantità domandate dai consumatori e prodotte dalle imprese assumono valori diversi nel caso in cui si è in presenza di monopolio, di duopolio, di oligopolio e di concorrenza perfetta.

Alcuni di questi regimi sono del tutto utopistici e puramente teorici, anche se magari rappresentano la situazione ideale per imprese o per consumatori, altri regimi invece sono considerati illegali e sono condannati dagli organi di controllo del mercato.

2.3.1 – Monopolio

Il monopolio rappresenta uno degli esempi limite presenti all'interno della Teoria dei mercati, ma non per questo impossibile da attuare. In questo regime un'impresa riesce a concentrare nelle proprie mani l'intera offerta del mercato, rendendo dunque il settore totalmente non concorrenziale. La domanda invece rimane invariata, essendo comunque spartita tra più consumatori.

I vantaggi per l'impresa monopolista sono molteplici. Essa infatti è in grado di decidere liberamente quale sia il prezzo da proporre, senza che la domanda subisca variazione nella quantità richiesta. Infatti per poter ipotizzare una situazione di questo genere, l'azienda deve essere in grado di produrre un bene o un servizio che non può essere sostituito da beni simili. Ciò significa che i consumatori non avranno alcuna alternativa di acquisto e saranno costretti a cedere alle richieste dell'impresa monopolista se vorranno ottenere il bene o il servizio da essa venduto.

L'impresa monopolista può adottare due differenti metodi per stabilire il prezzo di offerta. Il primo è il cosiddetto metodo indiretto, e consiste nel meccanismo secondo il quale l'impresa monopolista decide la quantità che intende produrre e lascia che sia il mercato, ricercando il proprio equilibrio, a stabilire il prezzo.

Nel secondo metodo invece, ossia quello diretto, l'impresa stabilisce il prezzo, scegliendo naturalmente quello che gratifica maggiormente la propria produzione e che allo stesso tempo garantisca il mantenimento del regime di monopolio, e lascia che il mercato individui quale sia la quantità da produrre, che verrà pareggiata alla quantità domandata.

In un regime di questo genere l'equilibrio viene individuato nel punto in cui l'azienda monopolista riesce e massimizzare il proprio profitto. In questo punto il valore del costo marginale eguaglia quello del ricavo marginale. Con il termine costo marginale viene individuata quella quantità di costo aggiuntivo che comporta un incremento di produzione, mentre con il termine ricavo marginale si fa riferimento alla quantità di ricavo che consente di ottenere una variazione di una unità nella quantità di produzione. Per individuare questo punto, l'impresa monopolista deve capire quale sia la cosiddetta quantità di equilibrio e sulla base di questa potrà ottenere il prezzo di equilibrio, sostituendo la prima incognita nella funzione della curva di offerta.

Dunque ciò che realmente fa un'impresa monopolista è ridurre la propria quantità di produzione, non essendo presenti beni sostituti o concorrenti all'interno del mercato, in modo tale da incrementare il prezzo del bene offerto, al fine di massimizzare il proprio profitto. Il risultato è un surplus di profitto che prende il nome di rendita del monopolista, che può essere calcolata sottraendo dal prezzo di vendita il costo medio di produzione.

2.3.2 – Duopolio e oligopolio

Se il mercato si concretizza nell'attività di due sole imprese, allora è possibile parlare di regime di duopolio. Si tratta di una situazione differente dal monopolio, in quanto inizia a formarsi rispetto al regime precedentemente descritto, una sorta di concorrenza, che potrebbe portare le due imprese ad inizializzare un gioco al ribasso del prezzo di vendita offerto alla moltitudine di consumatori, al fine di accaparrarsi l'intera offerta del mercato. Nel corso degli anni, molte situazioni di duopolio si sono in seguito trasformate in regimi di monopolio, in quanto una delle due aziende non è riuscita a mantenere i prezzi di vendita dei prodotti bassi per un periodo di tempo prolungato senza generare perdite ingenti.

La strategia in questo regime rappresenta l'elemento che determina l'andamento dei prezzi nel medio e nel lungo periodo. Se le due imprese dovessero riuscire a raggiungere un accordo, almeno teorico, dato che nella realtà questo tipo di comportamento viene condannato dagli enti anti-trust, il mercato potrebbe ritenersi non concorrenziale.

A seconda del comportamento adottato dalle due imprese è possibile individuare diversi equilibri: nel caso in cui le imprese duopoliste decidono di collaborare al fine di massimizzare il proprio profitto si parla di equilibrio collusivo o cooperativo; nel caso in cui invece le imprese decidono di voler ottenere ricoprire interamente la domanda del mercato con la propria offerta, l'equilibrio viene definito non cooperativo.

Il comportamento delle imprese in un mercato di duopolio è oggetto di analisi non solo della disciplina microeconomica, ma anche della cosiddetta Teoria dei giochi. Si tratta di una teoria che mira a raggiungere il miglior risultato possibile per l'impresa sulla base delle scelte che effettua l'impresa concorrente.

A seconda dell'interpretazione microeconomica del mercato duopolista è possibile scegliere teorie diverse e individuare differenti equilibri. Le teorie di duopolio più note e maggiormente studiate in ambito economico sono quella di Cournot e quella di Bertrand.

Se nel mercato sono presenti un numero limitato di imprese, comunque superiore a due, che caratterizzano l'offerta, allora è possibile parlare di oligopolio. La domanda di mercato viene comunque spartita tra le imprese oligopoliste che generalmente riescono ad ottenere un buon profitto.

Proprio come accade nel monopolio e nel duopolio, il mercato si caratterizza per la presenza di barriere all'entrata che non consentono alle altre imprese un facile accesso nel mercato. Il comportamento collusivo delle aziende oligopolistiche infatti porta ad una decisione unanime di abbassare notevolmente i prezzi nel momento in cui un'impresa esterna al duopolio tenta di accedere al mercato, in modo tale da far sì che la stessa non riesca a vendere adeguatamente e di conseguenza a conquistare parte della domanda, costringendola così ad uscire dal mercato stesso. Questa coalizzazione tra imprese oligopoliste è nota come cartello o trust, ed è un atteggiamento che è vietato a livello internazionale in quanto impedisce la formazione di una libera concorrenza tra imprese nei mercati, situazione che favorirebbe i consumatori, considerati la parte debole dei rapporti contrattuali microeconomici.

Durante il periodo nella quale le imprese adottano strategie di barriere all'entrata, esse agiscono consapevoli che l'atteggiamento provocherà una riduzione notevole nei livelli dei profitti, o addirittura una perdita, che sarà in ogni caso più che compensata dai benefici futuri.

Ciò che però contraddistingue l'oligopolio da tutti gli altri regimi è proprio la cosiddetta interdipendenza oligopolistica, grazie alla quale le imprese presenti nel mercato pare assumano, consapevolmente o meno, il medesimo atteggiamento che consente loro di sfruttare la loro posizione vantaggiosa nel medio e lungo termine. Esistono sostanzialmente due forme di oligopolio, quello cosiddetto puro e quello imperfetto. Nella prima forma le imprese oligopoliste offrono gli stessi beni, che vengono appunto denominati beni omogenei, e il mercato concede poche possibilità ai consumatori di acquistare beni sostituti rispetto a quelli offerti. Nella seconda forma, invece, l'oligopolio si concretizza su un'offerta che comprende beni di vario genere, che possono essere tra loro concorrenti oppure complementari. In quest'ultimo caso i beni vengono definiti differenziati.

L'analista microeconomico può individuare nell'oligopolio due differenti equilibri, a seconda che le imprese adottino un atteggiamento concorrenziale oppure un comportamento collusivo. Naturalmente nel primo caso ciascuna impresa mira a massimizzare il proprio profitto, a discapito di quello delle altre aziende: per farlo dovrà necessariamente ridurre sia i prezzi che la quantità prodotta, in modo tale da attirare un maggior numero di consumatori e conquistare una buona fetta della curva di domanda che caratterizza il mercato. Viceversa, nel caso in cui le imprese collaborino tra loro, l'equilibrio cooperativo sarà dato dal punto nel quale le imprese raggiungono il massimo profitto generale, ossia quello ottenuto sommando i singoli profitti aziendali, senza che le stesse imprese adottino dunque atteggiamenti concorrenziali.

2.3.3 – Concorrenza perfetta

L'ultimo regime teorico possibile è quello di concorrenza perfetta. Si tratta di un regime puramente utopistico, in quanto possibile da realizzare solamente nelle modalità presentate e previste a livello teorico. In questo regime la moltitudine di imprese che compongono l'offerta possono solamente stabilire la quantità da produrre, mentre i prezzi di mercato vengono stabiliti sulla base della domanda del mercato rappresentata dalle volontà dei consumatori. Il numero di imprese e di acquirenti è altissimo e pertanto ciascun venditore occupa una piccola parte della curva di offerta, così come ciascun consumatore occupa una parte infinitesimale della curva di domanda. Una situazione di questo genere viene definita in gergo economico price-taker, in quanto ogni soggetto economico è impossibilitato ad agire in maniera diretta sul prezzo, che viene così deciso dalle evoluzioni del mercato.

Un mercato viene definito perfettamente concorrenziale se presenta alcune caratteristiche tipiche.

La prima è sicuramente quella di atomicità, che prevede un atteggiamento non collusivo delle aziende. I soggetti economici presenti sul mercato sono tantissimi e sono paragonabili a degli atomi, che, pur essendo importanti, non sono in grado di influenzare la generalità, in questo ambito rappresentata dalla curva di offerta o da quella di domanda.

In secondo luogo i prodotti scambiati all'interno di un mercato nel quale vige il regime di concorrenza perfetta devono essere omogenei, ossia beni che presentano caratteristiche tra loro simili o del tutto identiche. Questo significa che un'impresa non deve prevalere sull'altra se si considera unicamente la qualità dei prodotti venduti. A livello teorico, dunque, i consumatori a parità di prezzo dovranno essere indifferenti su quale bene acquistare.

La terza caratteristica, sempre utopistica, della concorrenza perfetta è la cosiddetta informazione perfetta. Si presuppone infatti che sia le imprese che i consumatori siano a conoscenza di tutti gli eventi che determinano una variazione nelle condizioni di scambio, in un mercato che risulta essere completamente trasparente. Questo naturalmente non è possibile da realizzare, i meccanismi che si celano dietro ad un mondo così facilmente influenzabile come il mercato microeconomico sono illimitati e imprese e consumatori spesso non riescono a percepirne la presenza.

Un'altra caratteristica è invece quella che prevede l'assenza di barriere di ingresso. In un mercato perfettamente concorrenziale infatti le imprese sono completamente libere di entrare e di uscire dal mercato, senza che vi siano adempimenti burocratici da effettuare o costi eccessivamente elevati. Nel momento in cui nel mercato si assiste a nuove entrate di imprese, il prezzo naturalmente si riduce e la curva di offerta aumenta: la conseguenza è una riduzione del profitto ottenuto dalle singole imprese fino all'azzeramento dello stesso. Questo induce le imprese ad uscire dal mercato, evento che provoca l'incremento del livello dei prezzi e il nuovo aumento dei profitti per le imprese che hanno deciso di rimanere nel mercato.

Anche la libertà decisionale rientra tra le caratteristiche dei mercati in regime di concorrenza perfetta. Questa caratteristica consente a ciascun soggetto economico presente sul mercato di acquistare o vendere liberamente, senza alcuna imposizione sulla quantità da acquistare o da produrre e senza alcuna forma di coalizione che induce a comportarsi in determinati modi.

Tra le caratteristiche principali di un mercato perfettamente concorrenziale rientra anche la razionalità perfetta. Per ipotesi i soggetti economici vengono infatti considerati perfettamente razionali ed essi, dunque, prendono le proprie decisioni in modo tale da poter massimizzare il proprio profitto, nel caso delle imprese, o il proprio benessere, nel caso dei consumatori. Le decisioni dei consumatori vengono inoltre influenzate dalle preferenze di un prodotto piuttosto che di un altro, ma proprio a causa della presenza della razionalità perfetta essi prendono sempre la decisione migliore per sé stessi.

Secondo il principio di fluidità imprese e consumatori possono vendere o acquistare qualsiasi quantità di prodotti, senza alcun limite.

Infine, si suppone che tutte le imprese abbiano la medesima conoscenza tecnologica. Questa caratteristica porta ad un ulteriore concetto: ciascuna impresa presente in un mercato di concorrenza perfetta adotta il medesimo ciclo produttivo. Inoltre, a parità di conoscenza tecnologica, i costi di produzione per ogni singola unità di bene sono i medesimi per ciascuna impresa. In generale è dunque possibile affermare che in un mercato perfettamente concorrenziale il costo marginale, i costi fissi e variabili relativi alla produzione sono i medesimi per tutte le imprese.

Queste caratteristiche portano ad assumere che ciascuna impresa presente sul mercato concorrenziale sia identica alle altre, in quanto esse producono lo stesso bene, agiscono seguendo le medesime modalità e ottengono un profitto pressoché identico. Come detto, un mercato di questo genere è puramente utopistico. Il modello però ha lo scopo di analizzare il comportamento di imprese e consumatori anche nei casi limite, per scoprire quali siano i vantaggi e gli svantaggi per ciascuna impresa e per individuare tutti i possibili punti di equilibrio in esso presenti.

Capitolo 3 – La macroeconomia

Contrapposta alla microeconomia vi è la macroeconomia. Quest'ultima disciplina analizza ugualmente i mercati economici ma tende a focalizzarsi maggiormente sullo studio delle grandezze aggregate. In particolare, infatti, con il termine macroeconomia si fa riferimento allo studio dei fenomeni economici che caratterizzano e influenzano l'intero sistema dell'economia globale.

Rispetto alla microeconomia, inoltre, varia il punto di vista dal quale si osservano i mercati: nell'ambito microeconomico imprese e consumatori vengono analizzati osservando i loro interessi individuali, mentre nell'ambito macroeconomico essi rappresentano un insieme di soggetti economici di cui si dovrà tenere conto per portare avanti la propria analisi, a prescindere dai loro interessi.

In particolare la macroeconomia esamina il livello dei consumi che si registrano in un determinato territorio, la spesa pubblica di uno Stato e il PIL, ma anche la variazione del livello dei prezzi che può creare scompensi e alterazioni nei vari mercati economici.

Lo scopo della macroeconomia è dunque quello di capire quali siano i meccanismi di funzionamento di un intero sistema economico, partendo da una serie di variabili, definiti input, per arrivare alla determinazione dei fenomeni economici, che rappresenterebbero gli output, e persino a capire le decisioni che si celano dietro alle scelte di governo. I fattori di input generalmente sono individuati nei fattori che creano un aumento della spesa pubblica, nei tassi di interessi e nei tassi di cambio, ma anche nel rapporto tra importazioni ed esportazioni effettuate da uno Stato; viceversa gli output sono rappresentati dai tassi di disoccupazione di ogni Paese e, di conseguenza, dai tassi di occupazione, ma anche dalla misura dell'inflazione, dallo sviluppo economico e dalla crescita di una grandezza macroeconomica.

Ciò che è fondamentale considerare, al fine di ottenere degli esiti attendibili e riconducibili ai sistemi reali, è il periodo storico nel quale viene collocata la grandezza aggregata analizzata. Il tasso di disoccupazione di uno Stato, ad esempio, varia notevolmente se viene preso in considerazione, ad esempio, quello presente negli anni '50 in Italia o quello attuale. Ricondurre la grandezza ad un contesto storico è dunque il primo passo che consente di implementare correttamente l'intera analisi, ed effettuare previsioni adeguate sul medesimo sistema in un futuro più o meno lontano nel tempo. Non esiste infatti un modello macroeconomico che si adatta a tutte le situazioni, ai luoghi e ai periodi storici che si prendono in considerazione, ma è necessario definirlo in maniera corretta per poter poi svolgere i dovuti studi. Naturalmente anche il contesto geografico influenza un'analisi di questo genere, sia per il genere di politica economica che ogni Stato persegue, sia per le risorse che ciascuna Nazione possiede.

La necessità di distaccarsi dalla microeconomia nasce nel momento in cui l'analista capisce che i comportamenti che può adottare un singolo soggetto economico, come ad esempio un'impresa, divergono dai comportamenti che possono adottare una serie di soggetti economici, come ad esempio quelli che formano uno Stato. Questo accade perché l'interesse individuale non coincide con gli interessi collettivi, ed è dunque necessario analizzare i mercati da una prospettiva differente. Questo pensiero è stato espresso chiaramente da Keynes, uno dei più grandi economisti della storia, che ha contribuito alla fondazione della disciplina macroeconomica.

3.1 – Il tasso di disoccupazione

Una delle problematiche maggiori per uno Stato è la mancanza di possibilità lavorative retribuite dovute a motivi che non dipendono dalla volontà dei cittadini. Lo Stato ha il compito di monitorare il livello occupazionale in modo tale da garantire manovre che consentano di evitare crisi dei settori imprenditoriali che possono provocare un incremento nel tasso di disoccupazione.

È però complicato stabilire con certezza quali soggetti appartengano alla categoria dei lavoratori disoccupati involontari, ossia a tutti quei soggetti che influenzano il tasso di disoccupazione: questi devono infatti essere distinti da tutti quei soggetti rientranti nella categoria dei disoccupati volontari, che invece non vengono inglobati nel computo di questo tasso.

Analizzare il tasso di disoccupazione nazionale significa ottenere una delle informazioni più importanti nell'ambito delle congiunture economiche, consentendo così di capire quale sia il reale stato di salute dello Stato. In linea generale il tasso di disoccupazione tende a studiare e approfondire eventuali discrepanze presenti tra la curva di offerta di lavoro, che viene definita dal comportamento dei lavoratori, e la domanda di lavoro, che invece viene delineata dalle imprese, con la prima che risulta essere superiore rispetto alla seconda.

3.1.1 – Misurare la disoccupazione di uno Stato

Esistono diversi metodi per analizzare la disoccupazione di un Paese. Naturalmente il computo di questo indicatore macroeconomico varia a seconda dell'indagine che l'analista intende svolgere. È infatti possibile calcolare la disoccupazione per fasce di età, in modo tale da mettere in risalto alcuni malfunzionamenti nei servizi statali, oppure per aree geografiche, od ancora per periodi storici. Il tasso di disoccupazione, infatti, tende ad assumere un andamento oscillatorio nel tempo, dovuto principalmente alla presenza di crisi economiche cicliche che influenzano la stabilità del mondo del lavoro e di quello imprenditoriale.

In generale, però, per misurare correttamente un tasso di disoccupazione occorre stabilire quale sia il numero di persone che cercano un lavoro in maniera attiva e dividere questa grandezza per il totale della forza lavoro, ottenuta sommando al numero dei disoccupati anche quello degli occupati. Per uno Stato è comunque impossibile abbassare il tasso di disoccupazione fino a raggiungere lo zero, in quanto anche in linea teorica si presume che ci sarà all'interno di un territorio sempre qualcuno che andrà alla ricerca di un lavoro.

Il tasso di disoccupazione di uno Stato rappresenta così la media dei tassi di disoccupazione per area geografica e per fascia di età, in quanto all'interno di un territorio più o meno vasto il tasso di disoccupazione si differenzia, stabilendosi a livelli più alti in certe aree o per certe età e a livelli più bassi in altre zone o per altre generazioni.

È comunque importante ricordare che l'indicatore della disoccupazione di un determinato territorio soffre l'influenza di una serie di variabili, a seconda dei metodi di calcolo utilizzati o del genere di disoccupazione considerato e analizzato.

A livello nazionale e internazionale, nel caso di un conglomerato o di una federazione di Stati che collaborano sotto il punto di vista economico, come nel caso degli Stati Uniti d'America o dell'Unione Europea, il genere di disoccupazione che i governi tendono a considerare maggiormente è quella giovanile, che rappresenta un vero e proprio allarme di malfunzionamento nei sistemi macroeconomici statali attuati.

3.1.2 – I diversi tipi di disoccupazione

Esistono dunque diversi generi di disoccupazione che l'analista macroeconomico può decidere di considerare.

Naturalmente il tipo di disoccupazione più comune è quello che riguarda la disoccupazione involontaria. Si tratta infatti di ricondurre in questa categoria tutti i soggetti non occupati che cercano lavoro in maniera attiva. Le motivazioni che hanno portato a non avere un'occupazione stabile non sono imputabili ai soggetti, e proprio per questo motivo si parla di disoccupazione involontaria. In questa categoria rientrano dunque sia i soggetti che sono stati licenziati o sono stati costretti a dimettersi dal posto di lavoro precedentemente occupato, sia i soggetti alla prima esperienza di lavoro che cercano di accedere in questo mondo in maniera attiva.

Contrapposta alla disoccupazione involontaria vi è quella volontaria. In questo caso lo stato di disoccupato si viene a creare per motivi che hanno a che fare con la volontà de soggetto. Egli infatti potrebbe aver rifiutato varie offerte di impieghi lavorativi o comunque non risulta essere alla ricerca in maniera attiva di un posto di lavoro. Le motivazioni che possono portare ad un rifiuto sono varie, come ad esempio i salari considerati eccessivamente bassi, la mancanza di elasticità oraria, la presenza di divergenze geografiche tra residenza del soggetto disoccupato e la sede del posto di lavoro. Tutti questi motivi generano dunque una differenza tra la domanda nel mercato e l'offerta, creando casi di disoccupazione.

94

Un altro genere di disoccupazione viene definita strutturale. Con questo termine si fa riferimento a quel tipo di disoccupazione che nasce da un problema puramente economico. Nei mercati, infatti, è possibile che si venga a creare un divario tra la curva di domanda di lavoro e quella di offerta. In questo caso la disoccupazione nasce dalla differenza tra le esigenze possedute dalle imprese che agiscono nel settore considerato e le qualità e le caratteristiche degli individui che formano la domanda del mercato. Dunque questo genere di disoccupazione è dovuto principalmente a fattori microeconomici e macroeconomici, e non dipende dai comportamenti dei soggetti economici, quanto piuttosto dalle loro esigenze e dai loro interessi personali.

L'ultimo genere di disoccupazione è invece quello naturale, noto in macroeconomia anche come disoccupazione frizionale. Questo tipo di disoccupazione si riferisce in particolare a quella che si viene a formare nell'intervallo di tempo che va dal momento in cui un individuo perde il proprio lavoro fino al momento in cui lo stesso soggetto decide di accettare un nuovo rapporto di lavoro. Durante questo periodo temporale l'individuo va a influenzare la domanda all'interno del mercato, ricercando in maniera attiva una nuova impresa disposta ad assumerlo. Naturalmente le tempistiche considerate in questa sezione macroeconomiche comprendono tutte le fasi di una ricerca di un posto di lavoro, dall'analisi degli annunci ai primi contatti telefonici, dai colloqui ai test, fino alla stipula di un contratto che ricalchi le normative vigenti a livello nazionale e internazionale.

3.2 – L'inflazione

Uno dei fenomeni macroeconomici più importanti, che ha interessato migliaia di analisti e che ha portato alla formazione di una serie di teorie, è l'inflazione. Con questo termine si fa riferimento ad un incremento generale del livello dei prezzi all'interno di un mercato, di un territorio o all'interno di uno o più Stati. Generalmente questo fenomeno si viene a formare nel momento in cui si crea una sostanziale divergenza tra curva di domanda e curva di offerta sul piano cartesiano, che a sua volta provoca un incremento dei costi fissi e variabili di un'impresa, tra i quali rientrano i costi di produzione e quelli logistici.

Generalmente solamente una semplice aspettativa di un aumento dei prezzi futuro può generare un incremento nel tasso di inflazione.

La conseguenza principale dell'aumento di questa grandezza macroeconomica è la riduzione del potere di acquisto di una singola unità di denaro, a prescindere dalla valuta utilizzata nello Stato. Dunque una volta che il tasso di inflazione aumenta, con la stessa quantità di denaro è possibile acquistare sempre meno prodotti, proprio a causa dell'incremento dei livelli di prezzo e della riduzione del potere di acquisto.

3.2.1 – Le cause dell'inflazione

Il compito, sicuramente non facile, dell'analista macroeconomico è quello di ricercare le cause che comportano un incremento generale del livello dei prezzi. Solamente se questo cambiamento economico si protrae nel tempo si potrà parlare di vera e propria inflazione e non di una comune oscillazione economica e stocastica.

La prima correlazione tra l'incremento degli aggregati economici e l'aumento del tasso di inflazione si è osservato per la prima volta analizzando un preciso periodo storico. Infatti, a partire dal XVI Secolo, in Europa si assistette ad un notevole incremento delle pietre preziose: nello stesso periodo infatti in America ebbe inizio la cosiddetta "età dell'oro" e le pietre preziose, tra le quali naturalmente l'oro e l'argento, vennero importate costantemente nel Vecchio Continente. Questo improvviso aumento del numero delle pietre preziose disponibili ha generato un'impennata nel livello dei prezzi, determinando così il primo caso di incremento del tasso di inflazione studiato sotto l'aspetto macroeconomico.

Proprio su questo caso che ha fatto da spartiacque nella storia dell'economia si sono focalizzate una serie di teorie, con lo scopo di rintracciare le possibili cause che possono determinare il medesimo effetto.

Al giorno d'oggi possono essere indicate quattro diverse cause di inflazione. La prima è nota come inflazione da domanda. Il tasso di inflazione infatti può aumentare nel momento in cui nel mercato la curva di domanda subisce un aumento, senza che a questo evento sussegua un immediato adeguamento della curva di offerta, attraverso un aumento del livello di produzione. Generalmente l'inflazione da domanda può verificarsi nei mercati in cui le risorse vengono utilizzate in maniera totale e le imprese non sono reattive ad attivare i dovuti investimenti per rimanere al passo con le esigenze di mercato.

La seconda causa che può provocare un incremento dell'indicatore del livello di inflazione di un territorio è un aumento nei costi. In particolare si tratta dei costi che incidono sul ciclo di produzione e sull'apporto di energie di diverso genere. Questa causa venne scoperta in tempi recenti. In particolare negli anni '70 si è assistito ad un improvviso innalzamento dei prezzi del petrolio e delle altre materie prime energetiche, distanziati da un breve lasso di tempo, ed infine ad un rialzo dei costi del lavoro e del ciclo produttivo. A questo incremento susseguì proprio un aumento del tasso di inflazione e da questo evento si scoprì la correlazione intercorrente tra questi due elementi.

La terza causa si riferisce alla relazione tra l'offerta di moneta e il tasso di inflazione. In particolare con la curva di offerta di moneta si fa riferimento alla proposta realizzata dagli enti creditizi, dalle banche nazionali e dalle banche centrali. Per gran parte del XX Secolo, si è assistito ad un'inflazione cosiddetta monetaria, che deriva proprio da questo rialzo nella percentuale di interessi imposte dalle varie banche, specialmente da quelle centrali.

3.2.2 – La variazione del tasso di inflazione sulla base delle aspettative economiche future

Il sistema macroeconomico risulta essere molto suscettibile nei confronti delle previsioni riferite ad un futuro più o meno lontano. A prescindere dal fatto che tali previsioni siano o meno veritiere, la convinzione da parte delle imprese che potrebbe verificarsi una variazione in una grandezza aggregata fondamentale porta poi alla realizzazione di tale variazione. Lo stesso vale per il tasso di inflazione.

Negli anni '80, in Europa e nel resto del mondo vi era una ferma convinzione, priva di fondamento, che il livello dei prezzi dei vari beni prodotti sarebbe aumentato in un futuro non lontano. La reazione delle imprese fu proprio quella di adeguare i prezzi di vendita al valore atteso in futuro, dando vita così ad una sorta di inflazione volontaria.

La complessità del mercato ha portato ad un incremento inizialmente solo parziale dei prezzi dovuto a questo fenomeno. Solamente le aziende leader erano infatti in grado di aumentare i prezzi senza che il proprio business subisse un pericoloso calo. Le imprese minori si adeguarono ai prezzi di mercato in maniera graduale, ricavando inizialmente profitti maggiori dovuti ad un surplus di produzione e riducendo gradualmente questo vantaggio fino a che il livello dei prezzi non fu definitivamente pareggiato a quello stabilito dal mercato. Una volta terminata questa traslazione inflazionistica della curva di offerta, il fenomeno poté considerarsi definitivamente chiuso.

Questo però fa capire come un mercato apparentemente solido e ben strutturato, sia in realtà eccessivamente suscettibile e debole nei confronti dei dati informativi. Questa carenza porta a conseguenze talvolta davvero importanti sotto il punto di vista macroeconomico, proprio come nel caso del tasso di inflazione avvenuto negli ultimi decenni del Novecento. Le previsioni e le aspettative rappresentano dunque una delle cause più importanti e allo stesso tempo maggiormente sottovalutate che possono incidere sull'inflazione di uno Stato.

3.3 – La crescita economica

Un ulteriore aggregato fondamentale per l'analista macroeconomico è rappresentato dalla crescita economica. In linea generale con questo termine si fa riferimento ad un periodo positivo dal punto di vista economico che comporta un incremento del cosiddetto PIL, noto anche come il Prodotto Interno Lordo di un Paese.

3.3.1 – Che cosa è il Prodotto Interno Lordo?

Con il computo del Prodotto Interno Lordo è possibile ottenere una misura autentica del valore di tutti i beni scambiati e di tutti i servizi offerti all'interno di un'area ben definita che generalmente coincide con i territori delimitati dai confini nazionali. Il PIL viene misurato in un determinato periodo di tempo, che spesso coincide con l'anno solare, e considera tutte le attività che vengono svolte all'interno dello Stato e che possiedono un risvolto economico. Con questa definizione si vuole escludere dal concetto di PIL sia tutte le attività svolte all'estero, ossia al di fuori dei confini nazionali, che tutti i beni e i servizi scambiati o ceduti a tutolo gratuito o utilizzati per motivi autoconsumistici.

Il PIL viene analizzato al lordo degli ammortamenti. Per l'analista macroeconomico è infatti importante ottenere un valore che prescinda dal deprezzamento e dall'usura che il capitale di un'impresa subisce nell'arco dell'intervallo di tempo considerato. È comunque possibile calcolare il cosiddetto PIN, ossia il Prodotto Interno Netto, sottraendo dal PIL proprio il valore corrispondente agli ammortamenti.

Attraverso questa grandezza è inoltre possibile comparare il valore economico di due o più Paesi, in modo tale da stabilirne la forza politica e quella finanziaria, oltre naturalmente a quella economica, di ciascuno di essi.

Il PIL assume vari significati ed è un valore che viene utilizzato in diversi modi in ambito macroeconomico, al fine di ottenere dati fondamentali di tipo statistico, economico e finanziario.

In primo luogo il PIL esprime il valore della produzione di un'economia nazionale, comprendendo nel suo ammontare sia i beni che i servizi scambiati nei vari mercati.

Dalla somma di questi valori devono però essere sottratti i consumi e devono essere sommate le imposte che provengono dai soggetti fisici e giuridici residenti all'interno del territorio dello Stato. Si tratta di una visione che eguaglia il cosiddetto conto della produzione, che considera stock e flussi provenienti da ciascun settore economico all'interno dei quali si attivano le imprese nazionali.

In secondo luogo il Prodotto Interno Lordo rappresenta la somma dei consumi e degli investimenti realizzati in un intervallo di tempo rispettivamente da famiglie residenti e imprese che hanno la sede legale nel territorio dello Stato. In particolare Keynes ha definito una formula che è l'emblema dell'intera teoria macroeconomica. Secondo questa legge il valore della spesa totale, che corrisponde al valore della produzione della stessa, equivale alla somma tra consumi, spesa pubblica, investimenti e le esportazioni nette, a loro volta ottenute sottraendo dalle esportazioni realizzate nel corso dell'anno solare le importazioni effettuate nel medesimo periodo. Quest'ultimo termine economico prende il nome di bilancia commerciale.

Infine il PIL rappresenta la somma di tutti i salari e profitti percepiti dai lavoratori subordinati e autonomi, dalle imprese e dalle società. Per ottenere questo valore è necessario partire dal valore della produzione nazionale, dal quale dovranno essere sottratti tutti i costi necessari per remunerare i fattori produttivi principali per uno Stato, ossia il capitale e il lavoro. Una volta effettuata questa sottrazione, il valore ottenuto coincide proprio con il totale delle retribuzioni di ciascun fattore.

Esistono inoltre due modi per misurare il PIL: il primo metodo è secondo termini nominali, il secondo è invece seguendo un concetto reale. Nel primo caso il PIL viene concepito secondo la sua manifestazione monetaria. In questo modo vengono esclusi dal computo di questa grandezza macroeconomica ogni variazione nel livello dei prezzi, che potrebbe in qualche modo modificarne l'ammontare. Viceversa, il PIL reale considera tutto ciò che potrebbe interferire con il valore economico di questo aggregato, comprese le oscillazioni che interessano i livelli dei prezzi.

Rapportando il PIL nominale con il PIL reale è possibile ottenere un indice molto importante, che viene definito deflatore del PIL. Questo indice consente di ottenere un dato obiettivo sull'influenza della variazione dei prezzi sul PIL ed in particolare su ciascun bene venduto a acquistato nei mercati nazionali e su ciascun servizio prestato e richiesto all'interno degli stessi. Si tratta di un valore simile ma comunque differente rispetto al tasso di inflazione, che nel suo computo comprende anche i beni e i servizi importati.

3.3.2 – I tipi di crescita economica

È possibile suddividere la crescita economica in due differenti categorie. Il primo genere di crescita economica è definita estensiva. In questo ambito l'analista macroeconomico deve focalizzare la propria attenzione sulla crescita generata dall'utilizzo consistente dei fattori produttivi. Nella crescita economica, dunque, è proprio il maggiore utilizzo e lo sfruttamento dei fattori produttivi, quali lavoro e capitale, a determinare un incremento di produzione. La crescita economica estensiva può essere attuata solamente in un Paese che presenta uno stato di salute ottimale, nel quale è presente un'elevata quantità di capitale, inteso come l'insieme di mezzi, macchinari e impianti utilizzati all'interno dei cicli produttivi, e un altrettanto elevata presenza di lavoro, inteso come quantità di soggetti impegnati a svolgere una qualsiasi fase di produzione all'interno di un'impresa. In questo modo ciascuna impresa potrà combinare il maggior numero di fattori produttivi possibile al fine di incrementare il valore della produzione dell'intera Nazione.

Il secondo genere di crescita economica è quello intensivo. In questa categoria più che la quantità dei fattori produttivi si tenta di sfruttare la loro qualità. In particolare per poter attuare una crescita intensiva ottimale, le imprese sono tenute ad investire il più possibile nella tecnologia, intesa come pura conoscenza scientifica e innovativa. In ambito macroeconomico la tecnologia e l'insieme delle conoscenze possedute da ciascuna impresa vengono definite utilizzando il termine inglese know-how. Una scoperta scientifica, l'introduzione di un elemento altamente tecnologico, l'applicazione di una tecnica di produzione moderna consentono infatti di ridurre e minimizzare i costi, di ottimizzare l'utilità offerta dai fattori produttivi posseduti e, di conseguenza, di incrementare il valore della produzione.

3.3.3 – La crescita economica non è lo sviluppo economico

È comunque importante non confondere la crescita economica con lo sviluppo economico. La crescita economica, infatti, rappresenta l'incremento del valore della produzione, e nello specifico l'aumento del valore dei beni e dei servizi acquistati e venduti in un determinato periodo di tempo che comportano proprio un incremento del Prodotto Interno Lordo. Viceversa il concetto di sviluppo può considerarsi piuttosto recente. Prima delle due Grandi Guerre che hanno sconvolto la storia, la società e l'economia dell'intero pianeta, infatti, erano solite considerare solamente i dati economici, sia microeconomici che macroeconomici, e il raggiungimento degli obiettivi, senza analizzare le conseguenze che essi comportavano a livello individuale. Oggi invece è importante considerare i riflessi che si vengono a creare sulla società, sulla politica e sulla cultura di un Paese e che si vengono a generare proprio dal mondo economico.

Dunque mentre la crescita economica tende a focalizzare la propria attenzione unicamente sull'economia di un territorio, all'interno del quale i singoli cittadini sono visti come consumatori e le imprese come soggetti di produzione, nello sviluppo economico è importante considerare anche il loro benessere, i loro interessi e i loro bisogni.

La stima della crescita economica risulta essere paradossalmente più semplice rispetto alla stima dello sviluppo economico. Per ottenere un valore congruo e reale dello sviluppo economico di uno Stato è dunque necessario capire quali siano le necessità dei singoli cittadini e quanta parte dei loro bisogni sia stata soddisfatta in un intervallo di tempo ben preciso. Questo aspetto però non sempre è calcolabile: per questo è importante capire oltreché la società, anche la cultura, l'arte e la politica che ciascuna area presenta, proprio come espressione delle volontà dei propri cittadini.